AF362373

LETTRES

A

EUGENIE,

ÉLÈVE DE BOILLY.

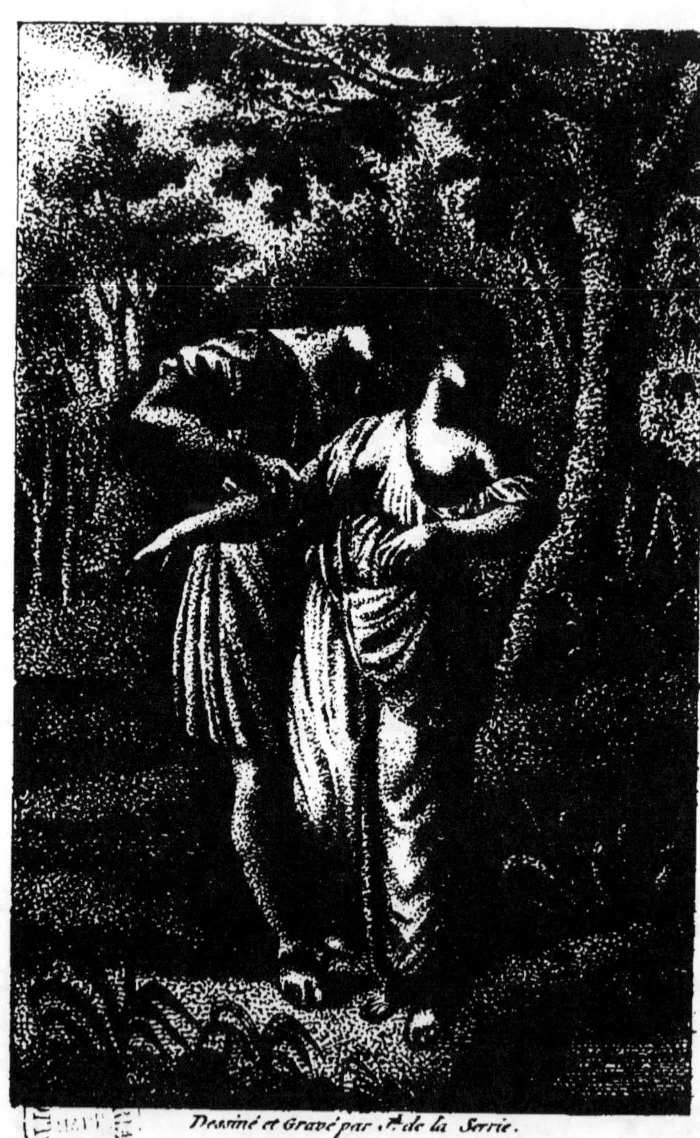

Dessiné et Gravé par *F. de la Serrie*.

......Eugénie m'écoutoit.

Lettres à Eugénie sur la Peinture.)

LETTRES

A

EUGÉNIE,

ELÈVE DE BOILLY,

SUR

LES PEINTRES ET LES SCULPTEURS DE L'ANCIENNE GRÈCE.

Par JOSEPH DE LA SERRIE, de la Vendée.

. . . Pictoribus atque Poetis. (HOR.)

A PARIS,

DE L'IMPRIMERIE DE DIDOT JEUNE.

1800.

A BOILLY,

PEINTRE DES GRACES.

Reçois, mon doux ami, ces légères lettres sur la peinture et la sculpture de l'ancienne Grèce, adressées à la belle Eugénie qui se fait gloire de t'avoir eu pour maître, comme autrefois Cratinus s'honorait d'avoir eu la belle Lala de Cyzique pour élève. J'avoue qu'inspiré par Eugénie j'aurais dû faire mieux ; mais Eugénie, plus retenue que celle qui prêta sa ceinture mystérieuse au chantre divin de l'Iliade, Eugénie, dis-je, m'a refusé la sienne....; et alors les Grâces ont fui

avec toi ; où l'une, sans doute, tient
ta palette ; l'autre broie tes couleurs ; et la troisième, heureux
Boilly, te sert de modèle.

LETTRE PREMIÈRE

A EUGENIE,

SUR LA PEINTURE.

Dès ma jeunesse la plus tendre
J'invoque les neuf chastes Sœurs ;
Et, sans trop pouvoir m'en défendre ,
Je soupire pour leurs faveurs.
Dans leur temple , asyle du sage ,
Je travaille sous leurs regards.
Ma vie entière se partage
Entre les Muses et les Arts.

Cependant je n'ai encore rien fait depuis que j'ai quitté les rives de la Seine où vous brillez toujours et par votre jeunesse et vos talents. Aimable Eugénie, je regrette moins le muséum de Paris qu'un seul regard de vos yeux, ou qu'une seule expression de votre bouche. Hélas! dans ma solitude j'existe loin d'Eugénie. Au lieu d'elle je ne retrouve que des forêts, des prairies, des rochers, des tombeaux... Tristes et silencieuses beautés pour un troubadour, qui n'aime à voir que sa douce amie.

C'est là néanmoins où j'ai lu et relu votre charmante épître, dans laquelle vous me demandez si complaisamment quelques instructions sur les peintres et les sculpteurs de la Grèce. Mais avez-vous bien réfléchi à qui vous faisiez part de votre idée? Que sai-je en raison d'Eugénie, comme disait Montaigne à mademoiselle de Gournay? Tenez, il faut être juste, vous possédez mieux que moi ce moëlleux magique qu'Horace accorde aux femmes seulement. Je le confesse, l'homme veut faire trop de bruit par son savoir : il cherche moins à plaire qu'à éblouir. L'illustre madame Dacier, qui a voulu jouer l'Aristote, l'Aulu-Gelle, le Lambinius, le Scaliger, a toute la pondération d'esprit de ces fameux critiques, et n'a rien du sexe et des grâces de la sentimentale Graffigny.

A présent, lequel de nous deux va s'instruire en écoutant parler l'autre ? répondez à cette question. Je me souviens que Sapho préta un jour son luth à Phaon ; et Phaon, qui n'était guère poète, se mit à toucher les cordes du luth avec des doigts engourdis et peu accoutumés à manier la lyre de Sapho. Il est vrai que Dibutade donnant le premier crayon à son amant, celui-ci en fit le meilleur usage possible, en traçant sur un mur l'image de celle qu'il aimait. Périclès également sut bien profiter des chartes et des diplomes de la belle grecque Aspasie ; et le jeune Théodore s'instruisit à ravir auprès de la sensible Athénaïs. Que d'exemples de la sorte, qui ne servent qu'à vous prouver plus évidemment que bien des hommes ne doivent qu'à la Beauté ces précieuses connaissances qu'ils ont acquises pour leur servir d'étoile dans le cours de leur vie ! Mais enfin jetons - nous à corps perdu dans les excavations de l'antiquité grecque ; car peut-être riez-vous déja de mon exorde, à cause de quelques paroles galantes que vous prendrez , je suis sûr, pour de la flatterie. Voyez , allez - vous dire, comme les hommes savent feindre à propos pour nous faire tomber ensuite dans leur piège! A les entendre, nous sommes des immortelles qui les faisons mettre à nos genoux toutes les fois que notre bouche s'entr'ouvre pour leur dire un mot. Ils semblent s'enthousiasmer de nos moindres faiblesses, de nos plus petites mines; ils paraissent même nous céder le pas en toute chose; mais les cruels conservent néanmoins leurs droits et leurs critiques sur notre beauté et notre laideur, notre esprit et notre ignorance. Il y a plus : si nous paraissons, malgré eux, prendre le devant dans la carrière des belles-lettres et des beaux-arts, ils deviennent jaloux de notre mérite, comme le poète le Brun; et, nouveaux Hippomènes, ils nous

jettent des pommes d'or pour nous
ralentir et nous surpasser dans notre
course. Les barbares! ils sont toujours nos maîtres, nos tyrans, nos
railleurs, malgré qu'ils se disent un
vil assemblage d'un peu de boue et
d'eau, et qu'ils nous fassent la grace
cependant de nous accorder un corps
fait « *de rosée, de vapeurs terrestres*
« *et de rayons de lumière des débris*
« *d'un arc-en-ciel condensé* (*). »
Voilà donc le langage que vont vous
faire tenir les premières lignes de ma
lettre. Eugénie, seriez-vous assez in-
juste pour me soupçonner les moindres idées de ces troubadours fausse-
ment anacréontiques, dont les paroles
d'abord plus douces que le parfum
des roses deviennent amères comme

(*) Expression de Cazotte.

l'absynthe, une fois rendues dans le cœur? Non, non, ce n'est pas l'aimable élève d'Isabey et de Boilly qui mérite un tel sort. Fiers, Eugénie et moi, d'être les enfants chéris des arts, nous méprisons ces insectes obscurs et venimeux qui piquent jusque dans leur sève les plus beaux arbres qui croîssent sur le Parnasse. Hé bien, je vous obéis, je vais vous instruire sur la vie et les ouvrages des peintres fameux de la Grèce. Je vous ferai mes petits rapports de temps à autre, comme si j'étais le chancelier de votre cour... C'est un beau titre que celui de chancelier! surtout auprès d'une jeune impératrice comme vous, qui régnez avec tant de modestie sur l'empire des arts.

Mais, pour revenir à la peinture,

si sublime de nos jours dans les moindres essais de plusieurs jeunes artistes
qui, laissant loin derrière eux la rou-
tine de l'ancienne école française,
travaillent dans le goût du pur et
simple antique ; la peinture, dis-je,
élevée aujourd'hui à son vrai rang,
exclut, comme la poésie, un esprit
médiocre, une imagination sans feu,
une ame sans mouvement. On l'a dit :
la peinture et la poésie sont sœurs,
et leurs tableaux doivent avoir à peu
près la même similitude. Par exemple,
composent-elles dans le grand ? leur
science est de connaître l'épopée, et
de briller par une noble chaleur dans
tous les effets qui demandent le tra-
vail du génie : ce que l'une tire du
feu de sa verve, l'autre le doit emprunter du secours de sa palette :

toutes deux doivent émouvoir, ravir, transporter. Voyez comme l'intérêt nous saisit quand notre œil se promène dans le tableau champêtre des bergers de l'Arcadie, chef-d'œuvre d'expression et digne du phénix de la peinture, de l'immortel le Poussin! Cependant ce n'est que de la toile et un peu de couleurs, mais disposées de manière qu'elles produisent un heureux prestige. Quel accord entre la poésie et la peinture, par exemple, que le sens moral et philosophique de cette composition du Poussin, avec une des scènes touchantes d'Andromaque ou de Bérénice! Mais, pour devenir peintre ou poète de cette nature, il ne s'agit pas de vieillir le luth ou le pinceau à la main, en se traînant servilement sur les traces d'autrui ; il faut trouver dans son propre génie ces grandes sources de l'art qui nous passionnent ; autrement on rampe, et rien ne nous élève au-dessus du médiocre. Il faut quitter l'étude académique, le compas d'Uranie, et s'enthousiasmer comme le divin Raphaël à la vue d'une jeune tête de vierge qui, jusque dans la nudité, porte un front modeste : voilà l'effort de l'imagination et du génie artiel ! J'ai connu le jeune Drouais, que la mort a moissonné à la fleur de l'âge. Son tableau de la Cananéenne aux pieds de Jésus-Christ est un morceau accompli, et montre jusqu'à quel point ce jeune homme se fût élevé dans la peinture, si sa carrière, hélas ! eût été moins limitée. Figurez-vous un artiste dans le feu du délire, créant quelqu'ouvrage enchanteur : ses mains, guidées par le génie, saisissent au hasard plume, crayon, pinceau ; elles errent quelque temps sur la toile ou le papier ; ses yeux ne se fixent plus sur aucun des objets qui les entourent : ils assistent à une nouvelle création. Son corps tremble, la sueur lui tombe du visage ; mais l'harmonie du tout succédant à l'enthousiasme qui possède l'artiste, la beauté de l'art respire sous ses doigts, et le jet de l'imagination s'accomplit. Tel était le jeune Drouais au milieu de son atelier.

Enfin, Eugénie, pour vous entretenir avec ravissement des peintres extraordinaires qui fleurirent dans la Grèce, il me faudrait la chaleur d'un Winkelmann, la poésie d'un Watelet, la plume savante d'un du Bos, ou celle encore d'un Jaucourt. Pourtant j'adopterai l'ordre qu'ils ont suivi dans leur nomenclature des peintres de la Grèce ; et avec votre permission j'ouvrirai quelquefois Pline et quelques auteurs plus anciens qui ne sont guère de mise, je le sais, sur votre table de toilette , mais qui empêchent néanmoins que l'attention d'un écrivain ne se lasse quelquefois. Ces bonnes gens sont de vraies lanternes sourdes qui n'éclairent que ceux qui savent s'en servir.

Eugénie, désabusez-vous de ce bizarre préjugé , qui veut que l'école grecque n'entre point en parallèle avec l'école moderne, parce que celle-ci a tout l'avantage sur la première par son coloris, son moëlleux, la fonte de ses nuances, ses clairs-obscurs, sa perspective linéale et aérienne. Voyons les ouvrages de ces fameux peintres avant de les condamner si légèrement.

D'abord je vous passerai sous silence beaucoup d'artistes dont la vie et les ouvrages sont inconnus même aux plus savants : Théléphanès, Cléophante, Charmidas et autres peuvent aller de ce nombre. Je commencerai par Æetion, Antiphile, Agatharque, Aglaophon, Aristide, Asclépiade, Apelle enfin.

Lucien élève Æetion au-dessus de bien des peintres, par son œuvre fameuse et poétique d'un vaste tableau représentant le mariage d'Alexandre avec Roxane, la plus belle grecque de son siècle. Je voudrais qu'il me fût permis dans cette lettre d'emprunter de M. l'abbé du Bos la description suave et charmante qu'il fait de la composition et de l'ensemble allégorique du tableau d'Æétion, couronné par Roscéïde dans la solennité des jeux olympiques; vous verriez que l'Albane, le Titien, le Corrège n'ont rien fait de semblable.

A l'égard d'Antiphile, contemporain d'Apelle, il avait, au rapport de Pline, une grande vivacité d'esprit, faisait des vers à la louange de Philippe, peignait Aristote et Alexandre, et, comme notre Rembrant, avait une entente merveilleuse du clair-obscur, si l'on en juge par le tableau de son esclave qui allumait du feu en pleine nuit. Il est bon de vous dire encore qu'Antiphile excellait, comme notre Callot, dans de caricatures ingénieuses, et dont les courtisans de Philippe étaient presque toujours les ridicules sujets.

Pour Agatharque, il était l'intime ami du poète Eschyle le tragique ; et je compare l'amitié de ce dernier pour Agatharque, à celle d'Erasme pour Holbein, cet agréable dessinateur. Au rapport de Vitruve, Agatharque peignait toutes les décorations qui pouvaient être analogues aux grands succès des tragédies d'Eschyle.

Dois-je aussi vous passer sous silence Aglaophon, si célèbre dans les livres d'Athénée par ce ravissant tableau dans lequel Alcibiade, à la fleur de son âge, reposait amoureusement dans les bras et sur le sein de la belle courtisane Nééma ?

Je ne puis également vous taire le nom d'Apollodore, premier peintre, dit M. de Caylus d'après Pline, « qui « exprima à un degré de force admi- « rable la couleur locale, et qui éta- « blit une grande réputation sur la « beauté de son pinceau. » Il est certain que dans Athènes on courait après les chefs-d'œuvres d'Apollodore ; et ils avaient la gloire, par leur coloris, leur distribution des ombres et des lumières , de ravir tout le monde. Pline, curieux et amateur au suprême degré, possédait dans sa galerie un petit tableau de ce grand maître, et, à en juger par la descrip- tion qu'il en donne, cet ouvrage était sans prix.

Le nom d'Apollodore me fait res- souvenir de celui d'Aristide de Thè-

bes, habile à exprimer les passions
tendres et tumultueuses de l'ame,
mais avec une telle vérité, que les rois
et les puissants de la terre achetaient
ses moindres œuvres des sommes considérables. Témoin le tableau qui
représentait deux jeunes Grecques
éprises des charmes l'une de l'autre,
et que le prince Attale paya trois cents
talents, (environ soixante mille louis.)
De même aussi que cet autre fameux
dont parle Pline, qui représentait une
femme expirante d'un coup de poi-
gnard qu'elle a reçu dans le sein.
« Un enfant, dit-il, à côté d'elle se
« traîne à sa mamelle, et va chercher
« la vie entre les bras de sa mère mou-
« rante : le sang qui l'inonde, le trait
« qui est encore dans le sein, cet en-
« fant que l'instinct de la nature jette

« entre ses bras ; l'inquiétude de cette
« mère sur le sort de son malheureux
« fils qui vient, au lieu de lait, sucer
« avidement le sang tout pur ; enfin
« le combat de la mère contre une
« mort cruelle ; tous ces objets repré-
« sentés avec la plus grande vérité,
« portaient le trouble et l'amertume
« dans le cœur des personnes les plus
« indifférentes. » Vous voyez, Eugénie, que d'après cette belle description du chevalier de Jaucourt, ce
tableau devait fixer les yeux de tous
les maîtres de l'art ; et que si Raphaël
lui-même eût été contemporain d'A-
ristide, il aurait donné à son rival
des louanges méritées. Aussi n'y eut-il
qu'un Alexandre capable de payer ce
magnifique tableau.

Par exemple, je ne vous entretien-

drai point d'Asclépiodore, de Théom-
neste, d'Amphion; il suffit de vous
dire qu'Apelle leur assignait un rang
supérieur dans l'ordonnance de leurs
figures, la justesse et la pureté du
dessin, et que Mnason, tyran d'Ela-
tée, se ruina à acheter leurs ouvrages.

Seulement je vous parlerai d'Apelle,
qui semble être le dieu de la peinture
par toutes les choses merveilleuses qui
ont été dites sur cet artiste. Selon le
poète de l'amour, Ovide, plusieurs
villes se sont disputé la naissance
d'Apelle; mais il était de l'île de Cos,
également célèbre pour avoir donné
le jour à Hippocrate. Apelle, premier
peintre d'Alexandre, s'éleva presque
au-dessus de son art par les grâces de
son coloris, l'élégance de sa touche,
et le génie de ses compositions. Vous

savez surtout avec quelle chaleur de style les poëtes et les historiens ont parlé de ses deux sublimes tableaux, l'un de la *Calomnie*, et l'autre representant *Vénus Anadyomène*, ainsi nommée, parce que la déesse des amours était peinte sortant des eaux de la mer, et exprimant de ses cheveux l'écume dont elle était engendrée. Auguste, l'ami de Virgile, paya dans la suite ces deux chefs-d'œuvre un million, ou deux cents talents, pour parler la langue ancienne. Si je voulais suivre Pline dans son enthousiasme, je ne cesserais point de vous entretenir du peintre d'Alexandre, aussi habile à toucher la lyre qu'à manier le pinceau, Apelle, comblé des dons inappréciables du cœur, de l'esprit et de la figure ; mais il est juste

de finir cette longue lettre qui pourrait à la fin lasser votre complaisance
à me lire. Tel un jeune homme qui
dicte à sa douce amie ne peut arrêter
l'effusion de ses tendres paroles : c'est
en vain qu'il veut cesser, il a toujours
mille choses agréables à lui dire. Ainsi,
en vous écrivant, le dieu des arts di-
rige ma plume malgré moi, et mon
plus grand regret est de rompre sitôt
notre entretien.

Adieu donc à mon Eugénie ; salut
à la belle Romany ; plaisir et con-
tentement à l'intéressante Gérard.
—Voilà un groupe bien enchanteur
que ma plume met ici sous vos yeux !

> Vous que chantait Anacréon
> Sur la lyre de Polymnie,
> Belles, soyez mon Apollon,
> Ma Vénus et mon Uranie !

Ovide ajoute à vos appas
Mille et mille métamorphoses ;
Tibulle sème sur vos pas
Les lys, les myrtes et les roses.

Source des talents enchanteurs,
Tout devient votre heureux ouvrage ;
Zeuxis sous ses pinceaux flatteurs
Vit naître cent fois votre image.
Praxitèle encor couronné
De la main du dieu d'Idalie,
Dans les yeux brûlants de Phryné
Puisa l'amour et le génie.

Arbitres des cœurs amoureux,
Vous nos sultanes et nos reines,
Femmes qui faites les heureux,
Dictez vos lois en souveraines !
Un seul de vos brûlants regards
Enchaîne l'amour sur vos traces ;
Servez de modèles aux arts ;
Soyez le triomphe des graces.

LETTRE II.

A LA MÊME.

Oui, aimable Eugénie, l'homme qui a l'esprit un peu pénétrant et quelque passion pour le beau, trouve sous le ciel que j'habite ces traits de la belle nature qui remplissent l'imagination du peintre et du poète d'images extraordinaires. Chantre de Morveun, barde fameux, ô divin Ossian! que ne puis-je te voir au milieu de nos rochers sauvages et de nos sombres forêts, redire sur ton luth sublime et mélancolique les noms des mânes qui errent autour des tombeaux que le voyageur étonné rencontre de toute part! O Vendée! dois-je jamais m'attendre à voir la belle Eugénie mettre le pied sur ton sol malheureux? A

Paris, Eugénie marche sur des tapis de Perse ; ici, ce ne serait que sur des ruines. A Paris, Eugénie a pour spectacle le luxe et l'opulence ; ici, elle ne pourrait arrêter ses regards que sur des toits couverts de joncs, ou sur quelques tombeaux revêtus de mousse. A Paris, Eugénie a tous les plaisirs ensemble pour distraire son existence ; ici, elle ne serait entourée que d'orphelins qui l'importuneraient par leurs gémissements. Ah! n'importe, Eugénie ; venez un moment unir votre voix aux sons de nos sistres et de nos musettes. Quittez l'atelier de Rubens, descendez du portique de Raphaël, et venez, dis-je, comme une seconde Astrée, amener parmi nous les plaisirs purs et l'amitié bienfaisante !.... Mais, en attendant que

j'aie la consolation de vous voir toucher le seuil de ma cabane, je vais
suivre le plan que je me suis proposé
dans ma première lettre, en conti-
nuant de vous donner une nouvelle
esquisse de la physionomie des peintres les plus célèbres de la Grèce. Je
vous parlerai, dans celle-ci, de Bularque, de Cimon, de Cléophante,
de Ctésiloque, de Dionysius, d'Euphranor, de Lysippe, de Mélanthius,
de Métrodore et de Nicias.

Bularque était favori de Candaule,
de ce roi de Lydie qui eut l'indiscrétion, comme vous savez, de faire
paraître sa femme nue aux regards
de Gigès son courtisan ; indiscrétion
d'autant plus affligeante qu'elle coûta
la vie à ce pauvre Candaule. Ainsi ce
Bularque remonte à la plus haute an-

tiquité, puisqu'il fleurissait dans la 18.ᵉ olympiade, selon Pline. Au rapport même de ce digne écrivain, Bularque fut le premier qui introduisit les nuances et la pluralité des couleurs dans la peinture qui, jusque-là, n'avait été que monochrome (*); découverte qui lui fut si heureuse, que les puissants rois de l'Asie payaient ses tableaux au poids de l'or. Bularque, ainsi que la plupart des peintres anciens, était versé dans les sciences et dans les lettres, tels que l'ont été, parmi les modernes, Alber-Durer, Léonard de Vinci, Lomazzo, Baglione, Dufrénoy, Charles Coypel, et une infinité d'autres.

(*) Monochrome, que Quintilien rend par ces mots : *Simplex color*, simple couleur, ou du grec μόνος, seule, et de χρῶμα, couleur.

Je passe de suite à Cimon le Cléo-
nien, duquel Pline et MM. de Caylus
et Mariette ont parlé avec un grand
éloge. Cimon avait un dessin ferme
et vigoureux : tel que notre Michel-
Ange , il prononçait en maître les
veines et les muscles dans les attitudes qu'il donnait à ses figures. J'ajoute
également une belle fleur à sa cou-
ronne, en le comparant aux Carra-
ches pour les racourcis, là où échoue
souvent toute l'habileté de l'art. Enfin
je mets le dernier trait à son éloge,
en vous disant que Cimon est le premier de tous les artistes qui ait com-
mencé à peindre des figures en trois
quarts avec une vérité surprenante ;
car avant lui on ne·dessinait que lo
profil des têtes.

Témoin Cléophante, que je place

ici à la suite de Cimon, qui ne peignit guère que des camées en profil.
« Il débuta, dit M. le chevalier de
« Jaucourt, par colorier les traits du
« visage avec de la terre cuite et
« broyée ; ainsi la couleur rouge,
« comme la plus approchante de la
« carnation, fut la première dont on
« fit usage. » Maintenant, vous voyez
bien, Eugénie, que les progrès de la
peinture sont venus lentement et par
gradation ; et qu'il y a bien loin d'une
belle tête du Corrège, de Wander-
verff, d'Isabey et de Boilly, à celles
des camées couleur de brique de Cléophante.

Quant à Ctésiloque, il n'est connu
que pour avoir été l'un des disciples
d'Apelle ; mais, malgré cela, il fut
fameux par la fécondité de son génie

« et la fougue de son pinceau, » pour me servir de l'expression de Pline et du comte de Caylus. Ctésiloque excellait admirablement bien à peindre les femmes dans des attitudes languissantes, et quelquefois même un peu contraires aux règles strictes de la pudeur. Plutarque prétend qu'il fut mis à mort pour s'être moqué de Jupiter dans une de ses peintures : preuve que notre plume et nos pinceaux, Eugénie, ne doivent jamais blesser les mœurs ni offenser le souverain être.

Je passe de suite à Dionysius, que je surnommerai le Wandyck de Colophone, parce que, comme l'ami de l'infortuné Charles I, il excellait dans les portraits, et acquit une fortune immense dans cet art qui ne mérite des éloges que quand on s'y

est distingué comme le Titien, Wandyck, Rembrant, etc.

Je ne puis vous taire non plus Euphranor le Corinthien, qui fleurissait
à peu près dans la 105.e olympiade:
artiste digne de la gloire de Michel-
Ange, et dans la peinture prononcée,
et dans l'art du statuaire. Pline, qui
s'exprime toujours en grand maître
toutes les fois qu'il parle de quelque
célèbre artiste, fait un éloge enchanteur d'Euphranor. Il aimait beaucoup
à représenter des héros; et l'on peut
dire qu'il excellait à rendre à chacun
leur caractère convenable. Cependant
on l'a souvent repris sur le défaut de
proportion dans ses ouvrages, malgré
qu'Euphranor eût écrit lui-même sur
cette science en vrai géomètre, tel
que l'aurait pu faire Euclide enfin.

Pour Lysippe d'Egine, il fut célèbre comme Euphranor dans la peinture encaustique seulement (*). Dire qu'il a été contemporain et ami du fameux Polygnote, c'est presque rendre cet artiste digne de votre admiration.

Mélanthius entraîne avec lui un nom plus connu que ce dernier. Plutarque raconte presque des choses merveilleuses de son tableau d'Aristrate, tyran de Sicyone, monté sur un char de victoire, et peint seulement avec les quatre premières couleurs locales de la peinture. Plusieurs artistes avaient travaillé à cette grande composition ; et une chose bien remarquable, et qui prouve qu'Apelle était né avec des talents suprêmes, c'est qu'il n'avait que neuf ans quand

(*) Peinture faite avec de la cire sur ivoire

il retoucha lui seul ce beau tableau d'Aristrate. Ce trait me fait ressouvenir de celui d'Annibal qui, à peine dans sa huitième année, jura, en présence de son père, un haine éternelle au nom romain : l'un et l'autre accomplirent leur destinée ; Apelle fut un grand peintre, Annibal un grand capitaine.

Je ne puis vous taire non plus le nom de Métrodore d'Athènes (qui fleurissait dans la 150.ᵉ olympiade), tant à cause de l'excellence de sa philosophie, que de ses talents dans la peinture. Si c'est faire l'éloge d'Aristote, en vous disant qu'il a eu Alexandre pour disciple; je ferai donc celui de Métrodore, en vous instruisant qu'il a été le précepteur de Paul-Emile. De même, un jour, lorsque la main ridée du Temps aura flétri vos charmes, on lira sur une urne de marbre : EUGÉNIE FUT DISCIPLE DE BOILLY.

Pausanias, Elien, Pline entr'autres, se sont beaucoup étendus sur la vie et les ouvrages très-estimés de Nicias d'Athènes, contemporain d'Apelle, célèbre par son tableau de la descente d'Ulysse aux enfers, que Ptolomée, roi curieux et instruit, acheta un prix digne de sa magnificence. Nicias avait une entente unique pour les reflets de la lumière. Il excellait aussi, comme notre Titien et notre Corrège, à peindre les femmes nues : témoin sa maîtresse, jeune Athénienne de grande beauté, qu'il avait peinte dans l'abandon de ses charmes, entre les bras de l'Amour. Ce même Nicias s'était fait aussi une grande renommée, à peu près comme celle de notre Sneyders, par le naturel et la précision qu'il mettait à peindre toutes sortes d'animaux. Enfin, pour vous faire aimer Nicias, je vous dirai que Praxitèle avait pour lui la plus grande admiration.

Il est inutile, sans doute, de vous entretenir de Néaclès, recommandable d'ailleurs par sa Vénus et ses autres compositions allégoriques; de Nicomaque, élève d'Aristodème; de Cratinus, maître de la belle Lala de Cyzique; et de ce certain Clésidès qui, étant devenu amoureux de la reine Stratonice, sans pouvoir la rendre sensible, la peignit toute nue entre les bras d'un soldat, pour s'en venger. Pline rapporte qu'Antiochus et

Stratonice pardonnèrent à la témérité de Clésidès, en faveur des beautés de son ouvrage.

Enfin, Eugénie, je passe sous silence d'autres noms obscurs et inutiles à l'art, en ne vous traçant seulement que les noms de ceux qui méritent vos louanges. Pardonnez encore si ma plume se hâte un peu trop; j'avoue qu'elle devrait être plus posée, plus fleurie, en songeant que je parle, que j'écris à Eugénie.... Ah! Eugénie, quand serai-je auprès de vous pour cultiver dans un doux loisir les sciences, les arts et l'amitié! Hélas! chaque jour j'interroge les personnes qui reviennent des bords de la Seine; et chaque jour je leur demande:

> Connaissez-vous nymphe jolie,
> Au teint de lys, au sourcil noir,

Que ma muse nomme Eugénie,
Qui plaît toujours sans le savoir?
Elle a reçu des mains d'Apelle,
Et la palette, et le pinceau;
Elle a la voix de Philomèle,
Avec les grâces de Scio.

Là ne se borne son génie;
Elle dicte comme Erato,
Ou raisonne comme Uranie,
Ou raconte comme Clio;
Elle est aimante comme Flore,
Espiègle comme Cupidon,
Danse aussi bien que Terpsichore,
Et fait les vers comme Apollon.

LETTRE III.

A LA MÊME.

J E réponds à votre épître, dans laquelle vous me faites part de votre heureuse convalescence, et même des progrès sensibles d'une santé mieux soutenue, sans laquelle, dites-vous, les délices de la vie sont d'une amertume insupportable. Il est certain que l'hygiène est la pierre de touche des jouissances : aussi la ville d'Epidaure érigea-t-elle beaucoup de temples et de statues à la Santé, parce que ses habitants la regardaient comme la première déesse du bonheur.

Vous paraissez me gronder à cause que je ne vous cèle point dans mes lettres le mérite et les talents qui vous distinguent de la foule commune.

Pourquoi me grondez-vous, puisque je dis vrai? J'ai toujours vu, dans mes recherches sur le caractère et l'esprit des femmes, que celles qui avaient ordinairement le plus de mérite, étaient celles-là même qui l'ignoraient, ou du moins qui feignaient l'ignorer.

Vous m'accusez aussi à tort en vous figurant que j'ai un goût merveilleux pour la province, parce que je m'y trouve à mon aise. Certes, ce n'est qu'à Paris qu'il y a un muséum, un lycée des arts, un opéra, des symphonies célestes, des voix divines, des modes charmantes, des femmes adorables... Et d'après cela pouvez-vous jamais croire que je me lie à la province, nous qui n'avons que l'alliage du bel esprit, tandis qu'à Paris vous en avez l'or pur?

Vous me boudez encore d'une autre manière, parce que, dites-vous, je semble soutenir avec trop d'intérêt les artistes de l'antique Grèce, en élevant leurs connaissances dans la peinture presque au-dessus de celles des modernes. C'est bien vouloir encore me faire là une petite guerre sans nul prétexte. Certainement je ne veux point décrier les uns pour élever les autres; et Dieu me garde jamais de médire d'Apelle, de Polygnote, de Zeuxis, comme MM. Perrault et de la Mothe l'ont fait de Pindare, d'Euripide, et de ce pauvre bon-homme Homère. Je donnerai aux modernes les éloges qui leur sont dus, sans pour cela ternir la juste renommée des anciens; car je serais fâché d'avoir une prévention trop puérile, ou un res-

pect trop aveugle pour le mérite in-
faillible des anciens, en osant dire
que les modernes sont bien au-dessous
d'eux en fait de sciences et de beaux-
arts. Je me souviendrai toujours de
cette ruse ingénieuse de Michel-Ange
qui, prenant fortement le parti des
modernes, pour confondre les prô-
neurs des anciens, fit une statue de
Bacchus, belle sous tous les rapports
de l'antique; et comme on fouillait
alors aux environs de Rome, dans
quelques ruines, il y enfouit sa statue
après en avoir rompu un doigt qu'il
serra soigneusement. Cette belle statue ayant été trouvée dans les fouilles,
chacun en admira les proportions, le
fini et les grâces. Les peintres, les
curieux, les savants s'assemblèrent
pour décider quel pouvait être l'au-

teur d'une pièce aussi parfaite. Les uns la donnaient au ciseau de Scopas, d'autres à Polyclète, d'autres à Polydore : enfin le célèbre Raphaël l'attribua à Phidias ; et son jugement aurait prévalu sans Michel-Ange, qui lui disputa que cette statue n'était point antique ; que les modernes étaient bien capables d'avoir fait une pièce aussi achevée que celle-là. Vous pouvez croire que Michel-Ange fut hué par les faux connaisseurs ; mais enfin, las de cette sortie, il montra le doigt rompu, ce qui ne méritait plus de replique. Et voilà, Eugénie, comme on juge et comme on écrit souvent avec une prévention trop aveugle pour telle ou telle chose. Profitons de cet exemple, et continuons, si vous voulez me le permettre, notre revue sur les peintres de la Grèce. Je vais vous parler maintenant de Pamphile, de Panœnus, de Parrhasius, de Philoxène, de Polygnote, de Protogène, de Timanthe et de Zeuxis.

Pamphile de Macédoine fleurissait dans la 116.e olympiade. Pline et Hippias disent, en parlant de Pamphile, qu'il fut le premier dans la peinture, « *primus in picturá.* » Cet artiste, contemporain de Zeuxis, était versé dans toutes sortes de sciences, mais principalement dans la géométrie, la physique et les belles-lettres. Il avait peint une Hélène qui l'emportait, par la chaleur de l'expression, sur celle d'Homère. Bel exemple qui démontre combien l'étude est utile à ceux qui veulent éblouir par la magie de leur pinceau, et qui prouve encore qu'il n'y a point de milieu entre la science et l'ignorance.

Quant à Panœnus, n'eût-il pour toute gloire que d'être frère de Phidias, il mériterait, sous ce seul titre, votre admiration et la mienne : mais si l'un se rendit célèbre par la mollesse de son ciseau, l'autre ne s'acquit pas une moins grande renommée dans la peinture. Panœnus n'avait guère que dix-huit ans quand il disputa dans les jeux pythiens de Delphes le prix de la poésie et des beaux-arts ; et tout au plus ving-deux ans quand il peignit avec une noblesse sans égale, et à la gloire des Athéniens, la fameuse journée de Marathon, où la grande armée des Perses fut entièrement défaite : ce tableau valut des honneurs publics à Panœnus.

Si ma plume voulait suivre Pline, Athénée, Diodore, Quintilien même, dans la vie et les ouvrages par excellence de Parrhasius, à l'instar de celles de ces grands hommes, elle aurait bien des choses agréables à vous dire sur ce peintre sublime; mais, mon Eugénie, je ne suis ni critique ni historien ; je me contente de vous faire mes petites observations, ne desirant que votre esprit pour juge de ce que ma plume vous écrit avec légéreté. Pour revenir à l'immortel Parrhasius, natif d'Ephèse, également versé dans les lettres et la peinture, Parrhasius, ce rival orgueilleux de Timanthe et de Zeuxis, se fit remarquer dans son siècle par la pureté de son dessin, la mollesse de ses contours, le gracieux de ses figures, et

par ce tissu délicat d'une carnation
brillante qui donnait la vie à tous
ses ouvrages. Mais quelle tache pour
Parrhasius, d'avoir obscurci sa gloire
par des mœurs corrompues, et surtout par une haine et une jalousie
implacables envers ses rivaux!......
Dites-le-moi, mes amis, vous, pleins
de génie, d'imagination et de talents;
vous, hélas! artistes malheureux!
n'avez-vous pas au milieu de vous un
autre Parrhasius qui.....?

Mais Polygnote de l'île de Thasos,
qui vivait dans la 80.ᵉ olympiade,
jouit à Athènes des plus grands honneurs, parce qu'il avait peint à fres-
que les portiques du Pœcile, sans
exiger aucune récompense. Effectivement Polygnote eut toute sa vie
l'ame grande et élevée; il voulut tout

devoir à l'honneur et rien à la fortune. Sa maison était le rendez-vous
continuel des savants, des princes,
des grands capitaines ; et je puis dire
aussi qu'il fut aimé des femmes, entr'autres de la charmante Elpinice,
fille de Miltiade ; il excellait à peindre
ses grâces, soit qu'elle fût nue, soit
qu'elle fût voilée.

Protogène, natif de Rhodes, ami
intime d'Apelle et d'Aristote, a immortalisé le nom de Démétrius par
son rare tableau d'Iabise, fils du So-
leil, auquel il travaillait dans le temps
même que ce prince faisait le siége
de Rhodes. Protogène y ayant mis la
dernière main, le fit porter dans le
camp de Démétrius, grand guerrier,
grand philosophe, grand connaisseur
dans les arts. Il fut si frappé de l'ex-

pression de ce tableau, qu'il leva non seulement le siège de la ville de Rhodes en faveur de l'art ravissant de Protogène, mais encore il envoya des secours aux Rhodiens, avec des présents considérables à Protogène : éloge sublime, et pour Démétrius, et pour Protogène! triomphe unique pour les beaux arts! Je l'avoue, je devrais reposer ma plume après ce trait enchanteur de l'histoire.

Mais il m'est impossible, chemin faisant, de vous taire le nom glorieux de Timanthe, natif de Sicyone, et si célèbre dans Pline par son tableau du sacrifice d'Iphigénie, chef-d'œuvre incomparable de sensibilité où se développe toute la force de l'art dramatique. Timanthe ne sachant comment exprimer l'excès de la douleur

du malheureux Agamemnon, le re-
présenta la tête voilée, dit Pline : épi-
sode sublime et heureusement imité
par plusieurs artistes modernes, surtout par le Poussin dans son Germa-
nicus, comme le remarque très-bien
l'abbé du Bos.

Je n'ai à vous parler désormais que
du second phénix de la peinture, je
veux dire de Zeuxis, à qui la ville
d'Héraclée s'honorait d'avoir donné
naissance (vers la 95.ᵉ olympiade.) Il
fut si célèbre dans toute la Grèce, et
devint si opulent, qu'il finit par ne
plus vouloir vendre ses ouvrages. Sa
corbeille de raisin n'est pas une chose
bien extraordinaire, non plus que le
rideau de Parrhasius. A proprement
parler, c'étaient deux *charges*, deux
plaisanteries de peu de conséquence

et peu dignes d'être louées. Mais ce
qui fixe notre attention sur Zeuxis,
c'est sa fameuse Hélène peinte sans
voile, et vendue deux mille talents.
Les pères qui avaient les plus belles
filles, se faisaient une vraie gloire de
les montrer nues devant Zeuxis, afin
qu'il prît les grâces et les charmes de
chacune d'elles, pour ensuise les faire
concourir à la perfection de son ouvrage. Oui, si je ne craignais pas de
vous lasser, je vous entretiendrais encore de sa Pénélope, de son Athlète
que Zeuxis ne pouvait s'empêcher de
vanter lui-même; de son dieu Pan,
qu'Archélaüs, roi de Macédoine, paya
la valeur d'une de ses provinces; et de
son Atalante, tableau d'une vaste
composition et inimitable.

Je pourrais aussi à la suite de ces

grands maîtres vous parler d'Alcis-
thène, de la fille de Micon, de Lala
de Cyzique ; mais quoique ces aima-
bles femmes soient également dignes
d'être couronnées de fleurs, cependant elles sont bien loin des talents
de nos Rosalba et de ceux de mon
Eugénie.

LETTRE IV.

LE paladin rêve à ses armes, le chasseur rêve à ses chiens, le géomètre rêve à ses paraboles, le grammairien rêve à ses virgules, le poète rêve à ses hémistiches, le sculpteur rêve à ses blocs de marbre ; Anacréon rêvait à Lycoris, et moi je rêve à Eugénie : ainsi vous voyez que tous les hommes rêvent à quelque chose, et qu'il n'en est aucun qui ne fournisse sa petite caricature, tant sage, tant savant se croit-il.

A dire vrai, votre lettre m'a tiré de ma douce rêverie ; j'ai eu peur en l'ouvrant ; elle contenait une figure dessinée de votre main, et hors de toute proportion naturelle. Dieu ! me suis-je écrié, quel fantôme, quelle ombre, quel simulacre est-ce là? Tout de bon, dans le sein de votre ville opulente, vous avez le courage de voir sous vos yeux ces spectres d'état que le malheur opprime? Quoi! vous riez encore à côté de ces momies vivantes qui semblent se mouvoir plutôt par un reste d'habitude, que par le besoin réel de vivre? Eugénie, Eugénie, ne serons-nous jamais humains que sur le théâtre ou dans les livres; que dans des tableaux ou dans la conversation? Entendez ce bel-esprit, comme il fait l'étalage d'une générosité qu'il ne sent point! S'agit-il de réaliser sur l'heure et en présence des infortunés les belles données de son esprit; il n'a plus d'yeux pour voir en face l'homme affaibli par le malheur, et plus d'oreilles pour entendre ses languissantes plaintes. Voilà donc l'homme civilisé! Mais dites-le-moi, est-ce pour exciter mon enthousiasme à vous parler des sculpteurs de la Grèce, que vous me faites part de la figure éteinte et diaphane de votre pauvre rentier? ou bien est-ce afin que je gémisse sur son triste sort? Ne valait-il pas mieux m'envoyer une belle esquisse de l'Apollon du vatican, ou mieux un simple croquis des formes ravissantes d'Eugénie, que de me mettre sous les yeux l'image d'un malheureux qui n'a que faire de se trouver avec Agésandre, Athénodore, Apollonius, Bathyclès, Charès, Dédale, Euthychide, Léocharès, Lysippe, Myron, Phidias, Polyclète, Scopas, Socrate, Praxitèle, tous grands sculpteurs qui eussent donné un asyle, un verre d'eau et des vête- ments aux pauvres rentiers de la ville d'Athènes.

Puisque les noms d'Agésandre et d'Athénodore naissent les premiers sous ma plume, je vous dirai qu'ils brillent encore de toute leur gloire dans ce fameux groupe de Laocoon, miracle de la sculpture pour l'expres- sion de la douleur; et que Virgile, dans son deuxième livre de l'Enéide, a si heureusement décrit. Rhodes a donné le jour à Agésandre et à Athé- nodore, ainsi qu'à Apollonius, à ja- mais immortel pour son taureau-far- nèse qui subsiste toujours.

Quant à Bathyclès, sculpteur sous le règne de Crésus, Diogène de Laërce fait un éloge admirable du trône d'A-

myclée, ouvrage où Bathyclès avait
représenté en grandeur naturelle les
déesses et les dieux de la fable, sou-
tenant ce trône magnifique.

A l'égard de Charès, il suffit de
vous dire, pour vous donner une
haute idée de son art, que c'est lui-
même qui est l'auteur du Colosse de
Rhodes auquel il travailla sept an-
nées de suite, et qu'enfin désespérant
de le finir, il se donna la mort.

J'aurais dû mettre Dédale, athé-
nien d'une grande naissance, à la
tête des sculpteurs, puisqu'il est le
premier dans toute la Grèce qui fit
des prodiges dans son art. Vous savez
qu'avant lui les statuaires grecs imi-
taient le goût des statuaires égyptiens,
c'est-à-dire, que les statues grecques
et égyptiennes avaient les paupières

fermées, les bras collés le long du corps; qu'elles étaient droites, sans proportion, sans grâce et sans attitude. Ce fut le ciseau de Dédale qui changea ces formes grossières en des formes naturelles et élegantes; il mit de l'ordre, de la légéreté dans ses draperies, du mouvement dans ses corps et de l'expression dans ses figures. Ajoutez à cela que Dédale, contemporain d'Hercule, de Thésée, d'Œdipe, était aussi bon architecte que grand statuaire, puisque c'est lui qui construisit ce fameux labyrinthe du roi Mendès; ouvrage, pour ainsi dire, hors de vraisemblance à cause de son immensité.

Euthychide, sicyonien, élève de Lysippe, avait si bien rendu, dans une de ses statues, un athlète blessé à mort, que les sculpteurs pouvaient juger facilement combien d'heures il avait encore à vivre : quel enthousiasme! Pline rapporte à peu près la même chose d'un gladiateur en bronze, fondu par Ctésilas Hé bien! poètes, et vous artistes, pouvez-vous rien créer sans le génie?

A la suite d'Euthychide, je ne puis vous taire le nom de Léocharès qui travailla, de concert avec Scopas, à une des sept merveilles du monde, je veux dire au magnifique tombeau qu'Artémise fit élever à Mausole son époux, roi de Carie. Nous avons bien parmi nous des talents comme ceux des Léocharès et des Euthychide; mais, Eugénie, où sont nos Artémises ? En revanche, que nous avons de veuves d'Ephèse!

Je passe à Lysippe qui dut l'élégance, le fini, le précieux de son art à son propre génie. Il y avait toujours foule dans les thermes de l'empereur Agrippa pour admirer son beau jeune homme sortant du bain, et qui passait pour une chose accomplie de l'art. Quoique modeste, vous n'eussiez pu détourner votre vue de dessus ses charmes, et vos lèvres même se fussent collées malgré vous sur le marbre.

Vous connaissez Myron d'Athènes, éleve de Polyclète; ce Myron, si célèbre dans l'histoire de la sculpture par son beau Bacchus, son Erychtée, mais surtout par sa vache qui trompait les bergers, tant elle leur faisait illusion. L'anthologie vous fournit plusieurs belles épigrammes à la louange de Myron; je vous y renvoie.

Phidias, qui fleurissait à Athènes dans la 83.ᵉ olympiade, fut surnommé par ses contemporains le sculpteur des dieux. Dire que Périclès le considérait comme son digne ami, c'est vous donner une haute idée du mérite de Phidias. Pline et Plutarque attirent toute notre attention par la manière flatteuse avec laquelle ils parlent des ouvrages de cet artiste, principalement de sa fameuse Minerve, haute de quarante pieds, faite d'or et d'ivoire, mais dont le sublime de l'art surpassait infiniment la valeur immense du métal. Phidias s'est aussi immortalisé par sa Némésis, déesse, comme vous savez, qui avait pour fonction d'humilier les sots, les méchants et les hommes superbes. Quel dommage, mon Eugénie, que cette chère déesse ait oublié ses devoirs ! ! !

Je viens à Polyclète du Péloponèse, qui vivait à peu près dans la 88.ᵉ olympiade, sculpteur parfait pour le goût, le moëlleux, la correction, l'agrément de son art. Je ne vous entretiendrai que de sa belle statue qu'il appelait la RÈGLE ; parce qu'effectivement elle renfermait, à la dernière perfection, toutes les règles et justes proportions de l'art du statuaire. Pline dit qu'il fut sept ans à faire ce chef-d'œuvre : quelle douleur qu'il ne soit point parvenu jusqu'à nous ! Sans doute que la terre le conserve encore quelque part dans ses entrailles ! On rapporte, dit M. le comte de Caylus, que ce sculpteur « voulant prouver « au peuple combien ses jugements « sont faux pour l'ordinaire, il réfor- « ma une statue suivant les avis qu'on

« lui donnait ; puis il en composa une
« semblable suivant son génie et son
« goût. Lorsque ces deux morceaux
« furent mis en parallèle, le premier
« parut effroyable en comparaison de
« l'autre : *Ce que vous condamnez,*
« dit alors Polyclète au peuple, *est*
« *votre ouvrage ; ce que vous admirez*
« *est le mien.* Un habile artiste, con-
« tinue M. de Caylus, doit écouter la
« critique comme un avertissement
« qui peut lui être utile, mais non
« pas comme une loi qui doive le
« gêner. » Cette leçon, aimable Eugénie, peut également vous servir.
Ecoutez les conseils, mais ne sui-
vez d'autre guide que votre propre
imagination ; c'est, à mon sens, le
moyen ordinaire pour réussir à quelque chose.

Scopas, natif de Paros, est un exemple de ce que j'avance ici : il ne travailla que d'après ses propres lumières, et peut-être que s'il eût écouté les leçons de la multitude des faux connaisseurs, jamais ses ciseaux n'eussent créé sa Niobé mourante avec ses enfants. Quelle scène expressive de sensibilité ! Tous nos ouvrages en ce genre ne viennent-ils pas échouer contre celui-là ? Je donnerais bien aussi moi, comme Horace, ce que je possède pour avoir un atelier enrichi des chefs-d'œuvre de Scopas ou de Parrhasius (*).

Avant de passer à Praxitèle, disons un mot sur le divin Socrate qui eut,

(*) Divite me scilicet artium,
Quas aut Parrhasius, aut Scopas.

(od. VIII, lib. 4.)

comme vous savez, une femme si méchante, si méchante, qu'elle faisait mourir notre sage à petit feu. Ce bon Socrate disait, en dépit de Xantipe cette digne épouse, que la sculpture lui avait enseigné les premiers préceptes de la morale et de la philosophie. Les trois Grâces, à demi-couvertes, que l'on conservait soigneusement dans la citadelle d'Athènes, étaient l'ouvrage même de Socrate. Lâche Mélitus, et vous traître Anitus qui avez fait mourir ce grand homme, parce qu'il enseignait la sagesse et craignait les dieux ; infâmes dénonciateurs, vos noms seront toujours abhorrés, tandis que celui du divin Socrate triomphera jusqu'à l'infini des siècles.

Avant de clore ma lettre, il me

faudrait la plume de l'Amour pour décrire toutes les merveilles du grand maître en sulpture, ou mieux les pinceaux d'Eugénie pour les rendre plus sensibles encore. Praxitèle!!! que ton nom nous échauffe! qu'il remplit d'enthousiasme le cœur d'un artiste épris du beau idéal! Ames froides et glacées, vous ne voyez que du marbre dans ses ouvrages!..... Malheureux ignorants, que je vous plains! Et vous riches avares, qui n'avez peut-être jamais prononcé le beau nom de Praxitèle, n'allez point le flétrir dans votre bouche obscure et vulgaire! Mais vous, hommes de génie, vous seuls qui avez une ame faite pour connaître, juger, sentir, s'embrâser, tournez vos regards brûlants vers ce Cupidon et cette Vénus.... Le marbre disparaît sous votre vue expressive ; c'est le velouté, la fraîcheur de la chair ; c'est la nature belle au-dessus d'elle-même que vous voyez là. Partout ce sont les grâces de Phryné qui respirent dans les ouvrages de Praxitèle, de cette ravissante Phryné, maîtresse seule du cœur de Praxitèle, et qui s'engageait à rebâtir la ville de Thèbes à ses dépens, pourvu qu'on y mît cette inscription sur un temple en son honneur : *Alexandre a détruit Thèbes, Phryné l'a rétablie.*

Praxitèle, qui vivait dans la 104.ᵉ olympiade (l'an du monde 3640), s'est donc immortalisé par sa fameuse statue de l'Amour, longtemps connue sous le nom d'Isabelle d'Est, et surtout par sa Vénus de Guide, dite de Médicis, beauté accomplie de l'art, vivement dépeinte par plusieurs poètes !

Vous voyez, charmante Eugénie, que le ciseau du statuaire peut bien figurer à côté de la palette du peintre. « Sculpture, art merveilleux, s'écrie « Sénèque, comme tu fais illusion aux « sens pour enchanter l'ame, pour at- « tendrir le cœur, et pour élever l'es- « prit ! » Au surplus, les arts sont tous frères, tous se donnent la main dans le temple de mémoire ; et je finirai comme M. de Voltaire dans sa jolie épître à l'abbé de la Roque :

Beaux-arts, je vous invoque tous !
Musique, danse, architecture,
Art de graver, docte peinture,
Que vous m'inspirez de desirs !
Beaux-arts, vous êtes des plaisirs ;
Il n'en est point qu'on doive exclure.

FIN.